Neue Bilderbuchgeschichten
für jeden Tag

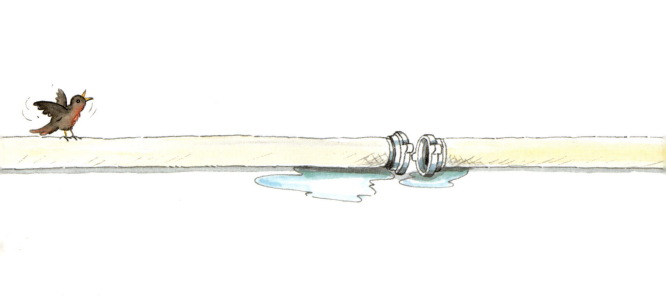

Neue Bilderbuchgeschichten
für jeden Tag

Ravensburger Buchverlag

Inhaltsverzeichnis

Seite 7 – 33

Mit Opa in der Stadt

Seite 35 – 61

Charly bei der Feuerwehr

Seite 63 – 91

Tine und die Eisenbahn

Seite 93 – 119

Jetzt bauen wir ein Haus

Seite 121 – 149

Jule im Zoo

Frauke Nahrgang · Wolfgang Metzger

Mit Opa in der Stadt

Silke trippelt aufgeregt von einem Fuß auf den anderen.
Wo nur der Zug bleibt!
Endlich sagt eine Lautsprecherstimme die S-Bahn aus Richtung Mühlheim an.
Am Südbahnhof steigen nur wenige Reisende aus und Silke entdeckt den Opa sofort.

Sie reißt sich von Mamas Hand los und rennt ihm entgegen.
„Opa!", ruft sie. „Opa! Du musst heute den ganzen Tag mir spielen. Forscher und Pirat und Indianer. Und außerdem …"
Der Opa lacht. „Darf ich erst meinen Koffer bei euch abstellen?", fragt er.

Opa will ein Taxi nehmen. Aber das ist Mama zu teuer. „Der Bus fährt direkt vom Bahnhofsvorplatz ab", sagt sie. Der Bus steht schon abfahrbereit und sie müssen schnell einsteigen. Silke setzt sich ans Fenster und zieht den Opa neben sich.
„Und außerdem musst du mich morgen vom Kindergarten abholen", sagt sie. Mama seufzt.
„Ich wollte morgen Pfannkuchen zu Mittag machen. Die schmecken kalt nicht. Und wenn ihr dann wieder so trödelt..."
Opa runzelt die Stirn. „Trödeln?"
„Ja, wie bei Tante Mias Geburtstag. Da haben wir eine Stunde mit dem Kaffeetrinken auf euch gewartet. Und im letzten Urlaub? Da wart ihr sogar den ganzen Tag verschwunden."
„Das war ja nur, weil wir mit dem Fischerboot hinausgefahren sind", erklärt Opa. „Aber morgen werden wir bestimmt pünktlich sein."
Silke nickt. „Weil es in der Stadt auch gar keine Fischerboote gibt!"

Vor dem Kindergarten ist mittags viel Betrieb. Silke drängt sich zum Opa durch.
„Schön, dass du mich wirklich abholst", sagt sie.
„Ehrensache", sagt Opa.

Silke zeigt auf die Mülltonne am Straßenrand.

„Mülltag! Wenn wir jetzt nur ein ganz kleines bisschen warten …"
„Wir warten aber nicht! Du weißt, wir sollen pünktlich sein!"
„Wenn wir jetzt nur ein ganz klein bisschen warten, dann können wir die Müllabfuhr sehen. Ich will später auch mal Müllfrau werden, weißt du.
Ich fahre dann das große Müllauto und winke allen Kindern. Schau mal, da kommt die Müllabfuhr."
Das Müllauto hält. Die Müllmänner springen von den Trittbrettern und holen die Mülltonnen vom Straßenrand.

Sie leeren die Tonnen ins Müllauto und geben dem Fahrer ein Zeichen. Langsam fährt das Auto weiter. Die Müllmänner winken und Silke winkt zurück.
„Opa, komm, wir laufen hinterher", sagt sie.

„Nein, wir müssen heim."
„Aber ich kann später nicht Müllfrau werden, wenn ich nicht weiß, wo das Müllauto hinfährt", jammert Silke.
Opa seufzt. „Aber nur bis zur nächsten Ecke. Warte, ich muss noch Mamas Fahrrad abschließen."

„Schade, das Müllauto ist weg!",
sagt Silke. Opa hört nicht zu.
„Da fährt ja eine Straßenbahn."

„Au ja, komm!", ruft Silke.
„Straßenbahnfahren macht Spaß!"
„Aber …", sagt Opa.

„Bitte, Opa, nur eine Station!"
„Na gut, aber nur eine Station!"
„Na klar, Opa! Ganz bestimmt."

An der Straßenbahnhaltestelle steht ein Fahrkartenautomat. Opa zeigt Silke, welche Knöpfe sie drücken muss. Der Fahrpreis leuchtet auf. Der Opa hebt Silke hoch, damit sie das Geld einwerfen kann. Sie nimmt die Fahrkarten aus dem Fahrkartenschlitz.
„Zum beliebigen Umsteigen", liest Opa.
„Was bedeutet das?", fragt Silke.

„Das heißt, dass wir in eine andere Straßenbahn umsteigen können. Oder in die S-Bahn. Oder in die U-Bahn. Oder in den Bus."
„Toll!", ruft Silke. „Wir steigen in die U-Bahn um."
„Wir steigen auf Mamas Fahrrad um", sagt Opa. „Aber erst mal steigen wir in die Straßenbahn ein. Da kommt sie nämlich." Opa und Silke steigen in den ersten Wagen. Sie setzen sich ganz nach vorne.

Ein Herr zeigt seinen Ausweis.
„Fahrscheinkontrolle!", sagt er.
Eine Frau wühlt aufgeregt in ihrer Einkaufstasche.
„Eben hatte ich die Fahrkarte noch", sagt sie.
„Suchen Sie in aller Ruhe", empfiehlt der Kontrolleur und geht weiter.
„Ich habe unsere Karten in die Hosentasche gesteckt, hier hinten", sagt Silke.
Die Frau befühlt ihren Po.

„Ich auch!", ruft sie. Glücklich läuft sie dem Kontrolleur nach.
„Nächster Halt Harthweg", sagt eine Stimme aus dem Lautsprecher.
Silke blinzelt vorsichtig zu Opa hinüber.
Der Opa schaut aus dem Fenster.
Da lehnt sich Silke zufrieden zurück.
Nur der Kontrolleur steigt aus.
Die Stimme aus dem Lautsprecher sagt jede Haltestelle an. Aber plötzlich hält die Straßenbahn ohne Ansage.

Zwei Autos sind zusammengestoßen und versperren die Straßenbahnschienen.

Das eine Auto wird an den Straßenrand geschoben.
Das andere muss abgeschleppt werden.

„Zum Glück ist niemandem etwas passiert", sagt Opa. „Aber das Auto muss in die Werkstatt."

Endlich kann die Straßenbahn weiterfahren. „Das hat ja ewig gedauert", schimpft ein Mann.

„Siehst du, dann können wir doch fast gar nichts dafür, wenn wir zu spät nach Hause kommen", flüstert Silke. „Das wird Mama wahrscheinlich etwas anders sehen", sagt Opa.
„Nächster Halt Wiegandplatz! Umsteigemöglichkeit zur U 6 und U 7!"

„Hier müssen wir aussteigen", ruft Silke aufgeregt und zieht den Opa hinter sich her. Am Wiegandplatz gibt es viele Läden. Opa zeigt auf ein Schaufenster.
„Sieh mal, ein Blumengeschäft", sagt er.
„Ich glaube, wir sollten deine Mama mit einem Blumenstrauß besänftigen. Such mal einen schönen Strauß aus. Den kaufen wir und dann fahren wir gleich heim." Silke schaut eine Weile ins Schaufenster.
„Wer weiß, ob es nicht noch schönere Blumen gibt. Besser, wir schauen noch mal weiter."

„Aber …", sagt Opa.
„Schau mal, da geht's zur U-Bahn. Wir fahren jetzt zu einem anderen Blumengeschäft."
Opa wirft noch einen Blick ins Schaufenster.
„Vielleicht haben wir anderswo wirklich eine größere Auswahl", murmelt er.
Silke und Opa fahren mit der Rolltreppe zur U-Bahn-Station hinunter.
Die U 7 ist gerade eingefahren.

Die Leute drängen sich vor den Türen. „Bitte zurückbleiben!", sagt eine Lautsprecherstimme.

Die Türen schließen sich.
Die U7 fährt davon. „Jetzt haben wir sie verpasst", sagt Silke.

Opa schüttelt den Kopf.
„Gleich wird die nächste U-Bahn kommen."

In der U6 sind keine Sitzplätze frei.
Opa und Silke halten sich an den
Haltestangen fest. Ein Mann mit einem
Fahrrad will einsteigen.
Aber das Fahrrad passt nicht mehr
hinein.
„Vielleicht kann ihn die nächste Bahn
mitnehmen", sagt Opa.
„Wo fährst du denn hin?", fragt
ein Mann.

Silke überlegt. „Ja, also …"
„Ich fahre zum Ratsplatz. Dort ist heute
Wochenmarkt. Kurz vor Marktschluss
bekommt man da manches besonders
günstig."
Silke nickt erleichtert.
„Zum Ratsplatz! Genau, da wollen wir
auch hin."
„Davon weiß ich ja gar nichts", flüstert
Opa.

„Hab ich nur so gesagt", wispert Silke. „Sonst denkt der Mann, wir strolchen durch die Stadt." An jeder Station zwängen sich Leute aus der U-Bahn hinaus und andere drängen sich hinein.

„Puh, eng hier!", stöhnt Silke. „Gleich haben wir es geschafft", sagt der Mann. „Ratsplatz ist die nächste Station."

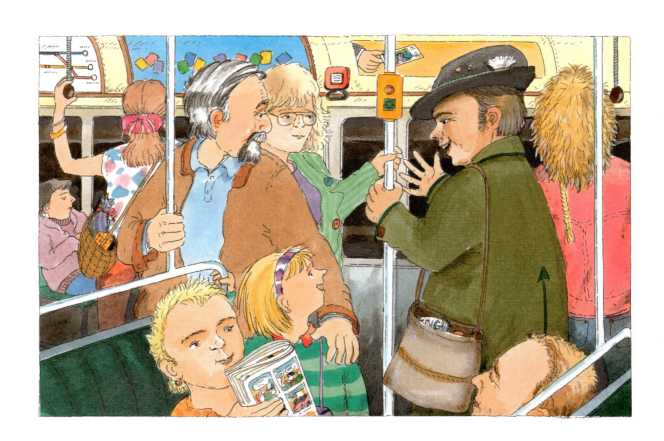

Auf dem Wochenmarkt packen die Händler zusammen.

„Du kommst ein bisschen spät", sagt eine Obstverkäuferin.

Sie schenkt Silke eine Birne.
„Ich hab auch noch einen Opa!"

Die Obstverkäuferin lacht.
„Für den bekommst du auch eine."

Ein Reisebus hält. Leute steigen aus und fotografieren den Ratsbrunnen. Silke läuft hin und taucht ihre Hand ins Wasser. So kommt sie auch auf die Fotos. Ein paar Leute rufen etwas. Sie reden in einer fremden Sprache und Silke versteht nichts.

„Na, du Fotomodell", sagt Opa, als der Reisebus wieder abgefahren ist. Silke schüttelt den Kopf.
„Ich bin kein Fotomodell. Ich bin ein ganz hungriges Mädchen. Ich glaube, mir würden jetzt auch kalte Pfannkuchen schmecken."

„Ja, lass uns heimfahren", sagt Opa. „Wir nehmen ein Taxi. Da brauchen wir nicht umzusteigen."
„Und die Blumen?", fragt Silke.
„Die hätte ich jetzt fast vergessen. Komm, da drüben ist ein Blumenstand."

„Du hast Glück", sagt die Blumenverkäuferin zu Silke. „Ein paar Sträuße habe ich noch. Sie sind schon im Auto. Steig ein und such dir einen aus."
Silke nimmt einen Strauß mit gelben und blauen Blumen.
Opa bezahlt. Silke trägt den Strauß bis zum Taxistand.

„Zum Kindergarten am Rotenberg, bitte", sagt Opa zu einem Taxifahrer. Er steigt mit Silke hinten ein und hilft ihr beim Festschnallen.
„Wagen 25 zum Rotenberg", meldet der Taxifahrer über Funk. Er stellt das Taxameter an und fährt los.

„Was ist das?", fragt Silke.
„Das Taxameter zählt, wie viel Geld dein Opa bezahlen muss", sagt der Fahrer.
„Für wen sind denn die schönen Blumen?"
„Für meine Mama, damit sie uns nicht böse ist."
Der Taxifahrer lacht.

„Wer so schöne
Blumen bekommt,
kann doch gar nicht böse sein."
Opa seufzt.
„Hoffentlich", brummt er.
Mamas Rad steht vor dem Kindergarten.
Opa hebt Silke auf den Kindersitz und
fährt los. Die Autos parken dicht neben
dem Fahrradweg.

Silke hält den Blumenstrauß auf ihrem
Schoß, damit ihm nichts passiert.
Opa gibt Handzeichen und biegt in
die Mühlstraße ein.

Vor dem Haus steht ein Rettungswagen.
Mama spricht mit den Sanitätern.

Dann fährt das Auto ohne Blaulicht los.
Mama wischt sich mit der Hand über
die Stirn.

„Das war eine Aufregung! Frau Schmitt ist auf der Treppe gestürzt. Genau vor unserer Tür. Ich habe sie zu unserem Sofa gebracht und kühle Umschläge gemacht. Aber dann ist es immer schlimmer geworden und ich musste den Arzt rufen. Jetzt fährt sie zum Röntgen in die Klinik. Hoffentlich ist das Bein nicht gebrochen!"
Silke hält Mama den Blumenstrauß hin.
„Sei nicht böse, dass wir zu spät kommen!", sagt sie.

„Zu spät?" Mama schaut auf die Uhr. „Tatsächlich! Das hab ich überhaupt nicht bemerkt."
„Nicht bemerkt?", fragt Silke.
Sie überlegt einen Moment.
Dann knufft sie Opa und flüstert:
„Dann haben wir einmal Trödeln gut. Holst du mich morgen wieder vom Kindergarten ab?"

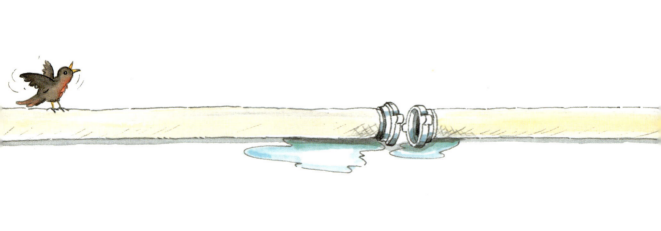

Frauke Nahrgang · Wolfgang Metzger

Charly bei der Feuerwehr

Der Postbote bringt ein Paket für
Fräulein Charlotte Berger.
Nur die Oma sagt Charlotte zu Lotte.
Ungeduldig reißt Lotte das Packpapier
auf.

„Mama, ein Stoffhase!", ruft sie.
Sie presst ihn an sich, bis sie keine Luft
mehr bekommt. „Er heißt Charly",
japst sie.

Mama lacht. „Das passt gut, Charly und Charlotte", sagt sie und krault Charlys Bauch.
Papa muss ihn auch kennen lernen. Aber Papa hat den ganzen Samstag Dienst und kommt erst am Sonntag heim. So lange kann Lotte nicht warten. Charly sicher auch nicht.

„Wir gehen mal zur Feuerwache", sagt Lotte. Sie nimmt Charly, ihre Jacke – und schon ist sie zur Tür hinaus.

„Wo ist Theo?", fragt Lotte den Feuerwehrbeamten an der Pforte.
„Hier auf der Feuerwache ist der Papa nicht der Papa, sondern der Theo", flüstert sie Charly zu.
„Theo ist in der Fahrzeughalle", sagt der Feuerwehrmann. „Geh nur, du kennst dich ja aus."

Lotte läuft durch den langen Gang mit den vielen Spinden.

„In welchen Spind Theo seine Sachen reinhängt, zeige ich dir nachher", vertröstet sie Charly. „Zuerst wollen wir ihn mal ordentlich überraschen. Pst, sei leise, da ist er schon."

Die Tür vom Löschgruppenfahrzeug steht auf. Lotte wirft Charly hinein und klettert hinterher.
„Hallo, Theo!", ruft sie und winkt.
Theo schaut hoch. Er lacht.
„He, was machst du …?"

Da dröhnt der Gong durch die Fahrzeughalle. Lotte weiß, was das bedeutet. Schnell springt sie aus dem Auto.

„Achtung! Einsatz für den Löschzug. Wohnungsbrand Eisenstraße 12!", dröhnt es aus dem Lautsprecher.

Von überall her kommen Feuerwehrleute gerannt. Einige rutschen an Stangen hinunter in die Halle.

Theo legt seinen Schraubenzieher schnell weg und springt ins Auto. Die Türen der Fahrzeughallen fliegen auf.

Mit Blaulicht und Martinshorn rücken die Wagen des Löschzugs aus.

„Anfahrt zur Eisenstraße über Biegenstraße", gibt die Leitstelle über Funk durch. Der Löschzug kämpft sich durch den Stadtverkehr. Die meisten Autos fahren an den Fahrbahnrand.
Aber die Gasse für die Feuerwehr ist eng. Und manchmal überhört ein Autofahrer die Einsatzhörner.
Die Feuerwehrmänner werden bei der wilden Fahrt ordentlich durchgeschüttelt. Trotzdem schaffen sie es, den Helm aufzusetzen, in die Schutzjacke und die Schutzhandschuhe zu schlüpfen und den Sicherheitsgurt umzuschnallen. Theo und Steffen rüsten sich noch mit dem Atemschutzgerät aus. Sie sind als Angriffstrupp eingeteilt und werden es zuerst mit dem giftigen Rauch zu tun bekommen.

Eine Ampel ist auf Rot. Das Tanklöschfahrzeug kann weiterfahren. Der Fahrer des folgenden Löschgruppenfahrzeugs muss scharf bremsen. Ein Sportwagen saust über die Kreuzung.

"So eine Schlafmütze", brummt Theo und tastet nach dem Beutel mit der Fangleine, die beim Bremsen vom Sitz gerutscht ist. Vor einem Haus in der Eisenstraße drängen sich die Schaulustigen.

"Neugierig bin ich auch", schimpft Steffen. "Aber ich würde trotzdem der Feuerwehr nicht im Weg herumstehen!"

Aus den Fenstern einer Wohnung im zweiten Stock quellen Rauchwolken. Aus der Wohnung darüber schreien Leute um Hilfe.

Die Drehleiter wird ausgefahren. Die Männer vom Tanklöschfahrzeug laufen mit Atemschutzgeräten ins Haus.

„Über Schiebeleitern von rechter Gebäudeseite zur Menschenrettung vor!", ruft der Einsatzleiter Theo und Steffen zu.

Am Einsatzleitwagen steht eine Frau und weint. „Meine Mutter ist noch oben in der Wohnung", schluchzt sie.

Theo zerschlägt eine Fensterscheibe und öffnet das Fenster.
Die beiden Männer steigen ein.
Vom Rauch eingehüllt, kriechen sie durchs Zimmer. Nein, hier ist die Frau nicht. Auf dem Flur treffen sie mit dem Stoßtrupp vom Tanklöschfahrzug zusammen.

„Brand in der Küche", meldet einer.
„Die übrigen Räume abgesucht. Vermisste Person nicht gefunden."
Die beiden Männer wollen im verqualmten Treppenhaus weitersuchen. Theo und Steffen arbeiten sich an die Feuerstelle heran. Flammen schlagen ihnen entgegen. Theo gibt Wasser und sprüht in die Glut. Wenn da die Frau drin ist ..., denkt er. Aber gleich vertreibt er den Gedanken wieder.

Als das Feuer gelöscht ist, schaut Steffen zum Fenster hinaus. Für einen Moment ist er verblüfft. Dann reißt er sein Funksprechgerät aus der Tasche und winkt Theo aufgeregt zu.

„Vermisste Person entdeckt!", gibt er dem Einsatzleiter durch. „Auf dem Dach der Werkstatt! Rettung mit Steckleiter vom Hinterhof aus!" Theo rennt ins Schlafzimmer. Vom Schlafzimmerfenster ist es nur ein kleiner Sprung.
Theo kniet sich neben die Frau und redet beruhigend auf sie ein, bis sie gerettet werden kann.
„Das Bügeleisen war die Brandursache", sagt Steffen auf der Rückfahrt.
„Vielleicht ist die Dame beim Bügeln eingeschlafen."
„Zum Glück ist sie noch rechtzeitig wach geworden", lacht Theo.

Auf der Feuerwache bringen die Männer die nassen Schläuche in die Schlauchwäscherei und holen neue aus dem Lager. Theo wechselt die verbrauchten Pressluftatmer aus.
„Schau mal", ruft er Steffen zu, „wer ist das denn?"
Statt einer Antwort ertönt der Gong.
„Alarm für Rüstzug. Kind eingeklemmt. Rolltreppe zur Fußgängerunterführung am Bahnhofsvorplatz." Sekunden später rasen der Einsatzleitwagen und der Rüstwagen los.

Die Leute auf dem Bahnhofsvorplatz reden aufgeregt durcheinander. Die Feuerwehrmänner bahnen sich einen Weg zu der Rolltreppe und dem eingeklemmten Jungen.
„Der hat die Hand in den Handlaufschlitz gesteckt", sagt Theo erschrocken. Das Kind versucht sich loszureißen und schreit vor Angst und Schmerzen.

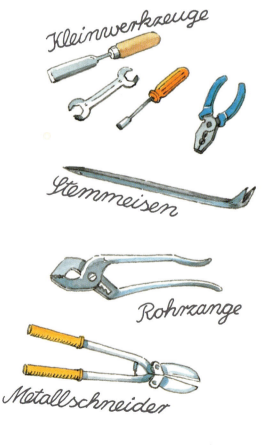

„Oje, wir müssen allerdings die ganze Rolltreppe auseinander nehmen", sagt der Einsatzleiter.
„Wenn der Junge so tobt, kann er sich noch mehr verletzen", fürchtet die Notärztin.
„Ich lenke ihn ab", ruft Theo. „Ich weiß auch schon wie!" Der Junge wird ruhiger und die Männer können mit ihrer Arbeit beginnen. Sie entfernen die Schutzverkleidung der Rolltreppe, trennen den Handlauf auf und bauen das Handlaufrad aus. Endlich ist der Junge frei.

Zwei Sanitäter wollen ihn in den Krankenwagen tragen.
„Moment mal", sagt der Junge.
„Wenn ihr dort drin ein Zehncentstück findet ... Mir ist eben eines in diesen Schlitz hineingerollt."
„Wir finden es bestimmt", verspricht Theo, „und du bekommst es zurück!"

Auf der Feuerwache riecht es appetitlich. Paul, der Drehleiterführer, und Mathes, sein Maschinist, haben gekocht. Theo schnuppert.
„Mensch, hab ich einen Hunger!"
„So wie ihr ausseht, bekommt ihr gar nichts", grinst Paul. „Marsch, unter die Dusche!" Bald sitzen die Männer in trockenen, sauberen Uniformen um den Tisch.

Theo hält seinen Teller hin, aber dann fällt ihm noch etwas ein und er läuft hinaus.
Als er zurückkommt, fragt Paul: „Alles in Ordnung, Theo?"
„Alles in Ordnung. Schöpf mir nur kräftig auf!"

Nach dem Abwaschen machen es sich die Männer vor dem Fernseher bequem.
„Übrigens, das mit dem Kind eben, das hast du prima hingekriegt", sagt Steffen.
„Kein Wunder, bei so einem Kollegen", sagt Theo und klopft sich auf die Tasche.
„Tolle Idee von dir, den Stoffhasen zur Einsatzstelle mitzunehmen.
Wie bist du nur darauf gekommen?"

Theo räuspert sich verlegen.
„Ach, weißt du, also … Sei jetzt mal still.
Die Sportschau hat schon angefangen."

Da kommt der nächste Einsatzbefehl
aus der Zentrale. Auf dem Rudolfplatz
sind zwei Autos zusammengestoßen.
Dabei ist die Benzinleitung des einen
Wagens gerissen. Benzin läuft aus.
Die Feuerwehrleute pumpen das
restliche Benzin aus dem Tank des
Unfallwagens.
Sie bestreuen die Benzinlache auf
der Straße mit einem Bindemittel.

So können sie das Benzin zusammen
mit dem Bindemittel aufnehmen.
In wenigen Minuten ist die Kreuzung
wieder frei.
„Das war mal ein kleiner Fisch", sagt
Steffen, als sie wieder auf der Wache
sind.
„Die Sportschau ist trotzdem vorbei",
mault Theo.
Der Einsatzleiter klopft ihm tröstend
auf die Schulter. „Dafür fahren wir jetzt
zum Zirkus. Dort ist ein Affe entwischt.
Wollen mal sehen, ob der besser klettern
kann als wir!"

„Den haben wir gleich", sagt Theo und stellt eine Leiter an den Baum.

Er steigt hinauf, streckt die Hand aus, und – der Affe springt mit einem

gewaltigen Satz auf das Dach vom Kassenwagen.

Die Feuerwehrleute reißen die Leiter vom Baum und rennen hinterher.

Der Affe spielt Fangen mit den Männern. Vom Kassenwagen springt er auf die Schleckerbude, von dort auf das Kamel, über das Feuerwehrauto und rettet sich schließlich in ein Gebüsch.
„Horcht mal, der lacht sogar über uns", schimpft Theo.
„Betäubungsspritze", schlägt Paul vor.
„Mit zwei Wasserstrahlen den Weg abschneiden", meint Mathes. Steffen nähert sich vorsichtig dem Gebüsch. Er zieht eine Banane aus der Tasche und schält sie Zentimeter für Zentimeter. Langsam führt er sie zum Mund.
Da schießt eine kleine braune Hand zwischen den Zweigen hervor und schnappt nach der Banane. Steffen packt genauso schnell zu. Er lässt den Affenarm erst wieder los, als die Tierpfleger den Affen an die Leine gelegt haben. Die Banane liegt zertreten auf dem Boden.
„Sei nicht so sauer", sagt Steffen zu dem Affen. „Schau mal, ich habe noch eine für dich."

„Toll, wie du in den Ästen herumgeturnt bist", kichert Steffen, als die Männer schon in ihren Betten liegen. „Wenn der Affe entwischt wäre, hättest du seine Nummer im Zirkus übernehmen können."
„Ha, ha", brummt Theo. Er tastet nach seiner Jacke.

„Was rumpelst du noch?", fragt Steffen. „Schlaf lieber. Vielleicht wird die Nacht sehr kurz."
Steffen behält Recht.

Um Mitternacht reißt der Gong die Männer aus dem Schlaf. Sie fahren in Hosen und Stiefel, ziehen sich im Laufen fertig an und rennen zu den Rutschstangen.
„Wasser im Kaufhaus Wegmann!", dröhnt es aus den Lautsprechern.

„Wasserrohrbruch!", stellt der Einsatzleiter fest. Er rennt ins Untergeschoss und dreht den Haupthahn ab.
Die Männer tragen die Wassersauger ins Kaufhaus.

Der Geschäftsführer ist inzwischen auch eingetroffen. Aufgeregt läuft er hin und her und begutachtet den Schaden.

„Den Fußboden kriegen wir wieder trocken", sagt der Einsatzleiter, „aber ein Teil der Waren ist nicht mehr zu retten."

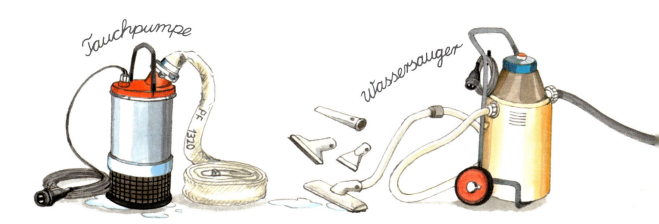

„Morgen, Theo!", ruft Jürgen. Er löst Theo von seinem Dienst ab.
„Mann, bin ich froh, dich zu sehen!", gähnt Theo.
„Harte Nacht gehabt?", erkundigt sich Jürgen.
Theo zuckt mit den Schultern.
„Nichts Besonderes eigentlich."

Theo nimmt seinen Helm, die Jacke und den Sicherheitsgurt aus dem Löschgruppenfahrzeug und Jürgen hängt seine Sachen dafür hin.
„Dann schlaf mal schön!", lacht er.
Theo nickt und läuft los.

Am Küchentisch sitzt Lotte und rührt traurig in ihren Haferflocken.
„Papa, Charly ist weg!", schluchzt sie.
„Wer ist Charly?"
„Aber Papa! Ich habe dir Charly doch vorgestellt. Oder nicht? Da war plötzlich dieser Alarm und dann …"

Lotte springt auf. „Jetzt weiß ich, wo Charly ist. Komm, Papa, wir müssen zur Feuerwache!"
„Nein, ich muss ins Bett, und zwar schnellstens", protestiert Papa.
Aber Lotte zieht ihn hinter sich her zur Garderobe. Dort bleibt sie überrascht stehen.
„Aber", stottert sie, „aber … da ist er ja!"
Lotte reißt Charly aus Papas Jackentasche und hüpft mit ihm durch den Flur.
„Du Ausreißer!", lacht sie.
„Das ist Charly?", staunt Papa. „Ich habe mich schon gefragt, wo dieser tüchtige Feuerwehrhase herkommt. Übrigens ist er am Montag zur Tagschicht eingeteilt."

Lotte schüttelt energisch den Kopf. „Kommt nicht in Frage! Von jetzt an bleibt Charly bei mir!"
„Schade", gähnt Papa. „Er war wirklich ein prima Kollege."

Am Nachmittag gehen Mama, Papa, Lotte und Charly in den Zoo.
Sie machen gerade einen Besuch bei den Elefanten, da piepst Papas Funkmeldeempfänger: „Alarm für Wachabteilung eins. Melden Sie sich umgehend auf der Wache!"

Papa zuckt bedauernd mit den Schultern.
„Ich fürchte, unser Zoobesuch ist zu
Ende", murmelt er und rennt los.
„Dann machen wir uns eben zu dritt
einen schönen Sonntag, Charly,
du und ich", sagt Mama.

Lotte schaut Papa nach und schüttelt
den Kopf.
„Nur du und ich, Mama. Charly hat
leider auch keine Zeit!"

Frauke Nahrgang · Marlies Rieper-Bastian

Tine und die Eisenbahn

Am Samstagmorgen liegt ein Zettel im Briefkasten.
Papa liest vor:
„Achtung: Am Ende einer kurzen Reise wartet ein Schatz!
Wo? Das müsst Ihr selbst herausfinden!" Ein Zeitungsbild vom Hauptbahnhof klebt darunter.
„Jemand erlaubt sich einen Scherz!", sagt Papa.
Aber das will Tine nicht glauben. Sie holt ihre Gummistiefel, die Zahnbürste und Papas Schlafanzug. „Für eine kurze Reise genügt sicher die Reisetasche", sagt sie.
„Ich reise überhaupt nicht", sagt Papa. „Ich muss heute den Keller aufräumen."

Tine holt die Reisetasche und packt. Papa schaut ihr eine Weile zu.
„Wo willst du denn anfangen mit der Schatzsuche?", fragt er.
„Auf dem Hauptbahnhof natürlich", sagt Tine.
„Dort erfährt man, wann Züge abfahren, nicht, wo Schätze liegen", meint Papa.

„Aber schau mal hier!", ruft Tine. Auf dem Zeitungsbild hat jemand mit rotem Filzstift ein Kreuz gemacht, neben der Straßenlaterne auf dem Bahnhofsvorplatz. Papa betrachtet das Bild aufmerksam. Er pfeift leise durch die Zähne. „Das ist ja tatsächlich eine Spur", murmelt er. „Möchte wissen, wo die hinführt!"

Papa ist neugierig geworden, das kann Tine an seinen Augen sehen. Er zögert noch einen Moment. Dann stopft er auch ein paar Sachen in die Reisetasche. „Auf zum Hauptbahnhof", ruft er und zieht Tine hinter sich her.

Die Laterne auf dem Bahnhofsvorplatz ist da. Aber kein Schatz, keine Nachricht, nichts!

"Jemand hat den Schatz vor uns gefunden", sagt Tine traurig.

Kannst du dies oben wiederfinden?

Sie geht noch einmal um die Laterne.
Da kommt ein Taxifahrer vom Taxiplatz.
„Bist du Tine, die Schatzsucherin?",
fragt er und gibt Tine einen Brief.

Ehe Tine etwas
sagen kann, läuft er
zu seinem Taxi zurück
und fährt davon.

„Woher weiß der …?", fragt Tine.
„Ein geheimnisvoller Unbekannter hat
den Taxifahrer geschickt", glaubt Papa.
Tine schaut sich um. Unbekannt sehen
die Leute alle aus. Ob der geheimnisvolle
Unbekannte dabei ist? Tine reißt den
Umschlag auf. Ein Schlüssel fällt heraus.
Ein Schlüssel mit der Nummer 33.
Papa und Tine sehen sich erstaunt an.
„Vielleicht finden wir das Schloss dazu
im Bahnhof", sagt Papa und geht mit
Tine hinein.

So groß hat Tine sich die Bahnhofshalle nicht vorgestellt. Sie hält sich an Papas Ärmel fest, damit er ihr nicht verloren geht.

Kannst du dies oben wiederfinden?

Am Zeitungskiosk liest Papa ein paar Schlagzeilen vor. Am Obststand kaufen sie eine Tüte Nüsse und in der Bahnhofsdrogerie eine Tube Zahnpasta. Aber ein Schloss für ihren Schlüssel finden sie nicht. Plötzlich bleibt Tine stehen. „Da!", ruft sie aufgeregt und zeigt auf ein Hinweisschild. Ein Schlüssel und ein Koffer sind darauf abgebildet. Das Schild führt zu den Schließfächern. Ein Mann will seinen dicken Rucksack ins Schließfach stopfen. Endlich hat er es geschafft und macht Platz.
Papa steckt den Schlüssel in das Schloss vom Schließfach Nummer 33. Er passt. Im Schließfach liegt eine Seite aus einem Taschenfahrplan. <u>Übersee</u> ist mit rotem Filzstift unterstrichen, der Regionalexpress von München nach Berchtesgaden angekreuzt. „Nach Übersee also, mit dem Zug um 10 Uhr 26!", sagt Papa. „Komm, dort drüben sind die Fahrkartenschalter."

Tine und Papa stellen sich an einem Schalter an. Endlich sind sie an der Reihe.
„Zweimal Übersee, hin und zurück, bitte!", sagt Papa.
„Bist du schon vier Jahre alt, kleines Fräulein?", fragt der Schalterbeamte.
„Ich werde schon bald sechs", sagt Tine entrüstet.
„Dann brauchst du natürlich auch schon eine Fahrkarte", sagt der Schalterbeamte.
„Aber dein Papa muss für dich nur den halben Fahrpreis bezahlen!"
Tine gibt ihm keine Antwort. Sie ist immer noch beleidigt.

Ein Mann rennt durch die Bahnhofshalle. Fast hätte er Tine umgerannt.
„'tschuldigung", keucht er und läuft zu den Bahnsteigen hinaus.
„Ob er wohl seinen Zug noch erwischt?", fragt Tine.
Papa schaut auf den Fahrplan.
„Unser Zug fährt auf Gleis 8. Besser, wir gehen jetzt auch."

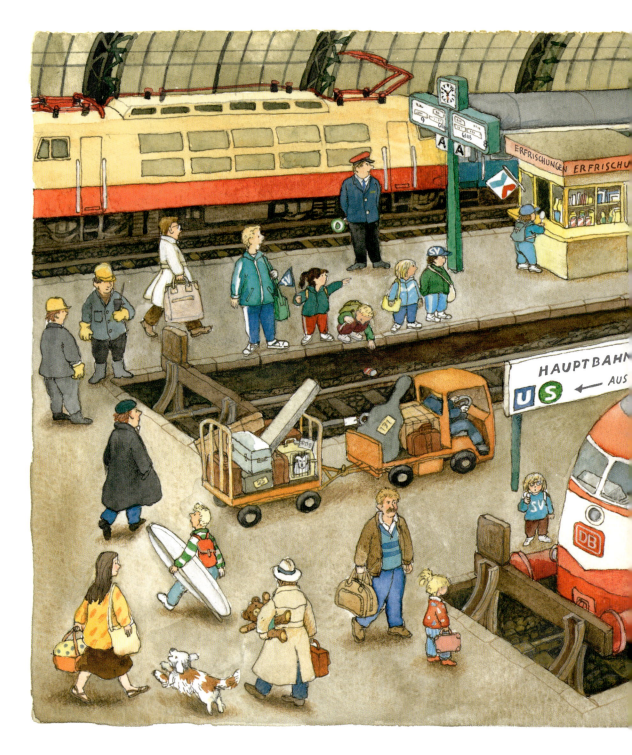

Die Züge fahren dicht an den Querbahnsteig heran. Tine steht vor einer großen Lokomotive.

„Gut, dass die hier nicht weiterkann", denkt sie.

Kannst du dies oben wiederfinden?

„Auf Gleis 8 hat Einfahrt der Regionalexpress von Hamburg nach Berchtesgaden", tönt es aus dem Lautsprecher. Zwei Rangierer mit gelben Sturzhelmen warten schon. Der Zug hält.
Die Rangierer koppeln die Lokomotive ab. Sie rollt bis ans Gleisende. Der Lokomotivführer schaut aus dem Fenster.
„Wie sollen wir jetzt nach Übersee kommen?", fragt Tine erschrocken.

„Am Zugende wird eine neue Lok angekoppelt. Die zieht den Zug wieder aus dem Bahnhof hinaus", sagt der Lokomotivführer. „Warum musst du denn so dringend nach Übersee?"
„Dort finde ich einen Schatz!", sagt Tine mit Überzeugung.
„Na, dann viel Glück!", lacht der Lokomotivführer und verschwindet wieder im Führerstand.

Papa stellt die Reisetasche auf eine Bank und geht mit Tine am Zug entlang. Tine will die Wagen zählen, aber sie ist zu aufgeregt. Die neue Lok ist schon angekoppelt. Bald wird der Zug weiterfahren. Papa und Tine holen die Reisetasche und steigen ein.
Papa macht das Fenster im Gang auf. So kann Tine besser hinausschauen. Der Schaffner hebt die Kelle.
Alles in Ordnung, heißt das.
Jetzt gibt der Aufsichtsbeamte dem Lokomotivführer grünes Licht und pfeift.

„Endlich fahren wir!", sagt Tine. Viele Leute winken. Tine winkt auch, bis sie den Bahnsteig nicht mehr sehen kann.

Kannst du dies oben wiederfinden?

„So viele Gleise! Und so durcheinander!", sagt Tine. „Hoffentlich verirrt sich der Lokomotivführer nicht."
„Bestimmt nicht", beruhigt sie der Papa. „Der Zug fährt doch immer auf den Schienen."
„Und wenn er mal abbiegen muss?", fragt Tine.
„Dann wird er von einer Weiche in die richtige Richtung gelenkt."
Der Zug ruckt, und Tine muss sich an Papa festhalten. „Siehst du", sagt Papa, „das war eine Weiche."

Tine und Papa gehen durch den schmalen Gang. „Entschuldigung, sind hier noch zwei Plätze frei?", fragt Papa in ein Abteil hinein. Tine möchte gerne am Fenster sitzen.
Da tauscht ein Mann seinen Platz mit ihr. „Ich lese sowieso Zeitung", sagt er. Papa will die Reisetasche in die Gepäckablage stellen. In ihrem Seitenfach steckt ein Päckchen.
„Nanu, wo kommt das denn her?", fragt Papa und wickelt es auf. Kuchen ist drin. Wie der duftet!

Jetzt merkt Tine erst, wie hungrig sie ist. Papa kauft Kaffee und Saft am Mini-Bar-Wagen. Tine beißt ein großes Stück Kuchen ab.
„Backen kann er, der geheimnisvolle Unbekannte!", sagt Papa mit vollem Mund. Tine nickt nachdenklich. Irgendwo hat sie solchen Kuchen schon gegessen,
aber wo?

Der Zug wird langsamer und bleibt
stehen.
Tine schaut aus dem Fenster.
Kein Bahnhof weit und breit.

Kannst du dies oben wiederfinden?

Der Schaffner öffnet die Abteiltür.
„Ist noch jemand zugestiegen?"
Tine deutet aufgeregt hinaus.
„Warum halten wir hier?", fragt sie.
„Hat sich der Lokomotivführer etwa
doch verirrt?"
„Das bestimmt nicht", beruhigt sie der
Schaffner. „Wahrscheinlich steht ein
Signal auf Halt, und wir müssen warten,
bis die Strecke frei ist."
„Da kommen wir sicher zu spät",
jammert Tine.
Aber der Zug fährt schon weiter.

Der Schaffner zeigt
aus dem Fenster.
„Guck! Jetzt steht das Signal
auf Fahrt!" Der Schaffner
entwertet die Fahrkarten
und gibt sie zurück.
Draußen auf dem Gang
winkt er Tine noch
einmal zu, dann geht er
ins nächste Abteil.

Der Zug hält.
Der Gang wird leer und Tine
kann auch aussteigen.
Auf dem Trittbrett zögert sie.
Der Schaffner hält ihr die
Hand hin.
Aber da springt Tine mutig
auf den Bahnsteig.

„Wir werden gleich da sein", sagt Papa
und holt die Tasche aus der Gepäckablage.
„Steigst du nicht aus?", fragt Tine den
Zeitungs-Mann. Der sagt, dass er noch
bis Berchtesgaden weiterfährt.
Im Gang stehen schon viele Leute.
Tine will sich vorbeidrängeln, aber Papa
hält sie fest.
„Und wenn der Zug weiterfährt,
ehe wir draußen sind?", protestiert sie.
„Der Schaffner passt auf, dass alle
aussteigen können", sagt Papa.

Papa und Tine schauen sich um. Wer kommt da? Das ist doch …
Tatsächlich, das ist …

Kannst du dies oben wiederfinden?

„Oma!", ruft Tine und läuft ihr entgegen.
„Wo kommst du denn her?", fragt Papa entgeistert.
„Aus demselben Zug wie ihr!", lacht Oma. „Ich war immer ganz in eurer Nähe. Schon auf dem Bahnhofsvorplatz daheim. Aber ihr wart so beschäftigt mit Schatzsuchen, da habt ihr mich gar nicht bemerkt."

„Du weißt von dem Schatz?", fragt Tine erstaunt.
Oma zieht einen Reiseprospekt aus der Tasche. „Wochenendurlaub in Übersee am schönen Chiemsee", liest Papa vor.
„Hört sich gut an", meint Oma.
„Deshalb habe ich Zimmer für uns gebucht. Und damit ihr auch bestimmt mitfahrt ..."

„... hast du dir die Sache mit dem Schatz ausgedacht!" fällt ihr Papa ins Wort.
Oma kichert.
„Warum hast du nicht einfach gefragt, ob wir mitfahren?"
„Was hättest du geantwortet?", will Oma wissen.

Papa überlegt.
„Ich hätte gesagt, dass ich den Keller aufräumen muss!"
„Siehst du", sagt Oma.
„Da hast du uns ja ganz schön reingelegt, du geheimnisvoller Unbekannter", lacht Papa.

„Gar nicht!", ruft Tine und fällt ihrer Oma um den Hals. „Ein ganzes Wochenende, an dem ihr beide Zeit habt. Einen tolleren Schatz hätten wir gar nicht finden können!"

Frauke Nahrgang · Wolfgang Metzger

Jetzt bauen wir ein Haus

Ich heiße Petra. Früher wohnten wir in einem Hochhaus in der Stadt.
Jetzt nicht mehr. Und das kam so:
Vor ungefähr einem Jahr fuhren Mama, Papa und ich zu Oma und Opa nach Berndorf. Dabei war gar nicht Sonntag.

Noch nicht einmal Samstag.
„Ist was Besonderes?", fragte ich.
„Es gibt Hefeklöße!", lachte Mama.
Aber Papa hatte sich den Nachmittag freigenommen. Und Mama war früher vom Büro nach Hause gekommen.
Nur wegen Hefeklößen?
Nun, mir war das recht.
Denn Oma und Opa sind nicht nur die allerliebsten Großeltern, sondern sie haben auch einen Garten mit ganz tollen Kletterbäumen. Und ich klettere für mein Leben gern.
Als Mama vor dem Haus hielt, lief Tim uns schon entgegen. „Toll, dass du auch da bist!", rief ich.
Tim ist mein Vetter und vor allem mein allerbester Freund.
Opa winkte aus dem Küchenfenster: „Essen ist fertig!"

Schade, denn wir hatten schon den Apfelbaum hinter dem Haus zum Piratenschiff gemacht und wollten weiterspielen.

Nach dem Essen gingen Mama, Papa, Tante Anne und Onkel Bernd spazieren. Wir spielten lieber in unserem Apfelbaum-Piratenschiff und hatten für so etwas keine Zeit. Als wir fertig waren, kletterte Tim in den Ausguck. „Was ist denn auf der Wiese los?", fragte er. Tatsächlich, da war etwas im Gange. Wir ließen uns ins Gras fallen und rannten los.

Unsere Eltern standen am Wiesenrand und unterhielten sich mit einer fremden Frau.
„Na, ihr Piraten!", sagte Mama.

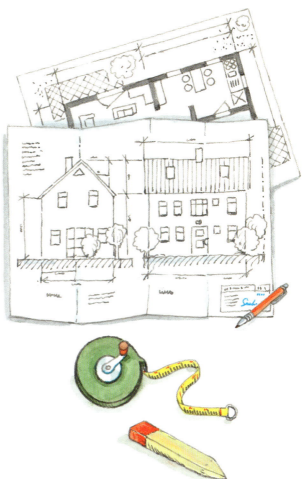

„Bald wird hier euer Heimathafen sein!"
Tim und ich verstanden überhaupt
nichts.

„Hier wird ein Haus gebaut, ein Zwei-
familienhaus", sagte die Frau und faltete
ein großes Blatt Papier auseinander.
„Ich bin Architektin und habe das Haus
entworfen."
Wir verstanden immer noch nichts.
Da sagte Mama: „Oben zieht eine
Familie mit einem Piratenmädchen ein
und unten zieht eine Familie mit einem
Piratenjungen ein."
„Du meinst uns?", fragten Tim und
ich wie aus einem Mund. Unsere Eltern
nickten.

Eine Weile war es ganz still, denn wir waren wirklich sprachlos. Aber dann brachen wir in ein Jubelgeschrei aus. Wir fassten uns an den Händen und tanzten so wild herum, bis sich die Wiese drehte. Ganz außer Atem ließen wir uns ins Gras fallen.

„Wann ist das Haus fertig?", japste ich.
„Wann können wir endlich einziehen?", keuchte Tim.
„Ein bisschen Geduld müsst ihr schon haben!", sagte die Architektin.
„Es ist viel Arbeit, bis ein Haus fertig ist.

Zuerst hebt der Bagger das Kellerloch und die Gräben für die Fundamente aus."

„Was sind Fundamente?", fragte ich.
„Sie werden aus Beton gegossen", sagte Papa. „Sie stützen das Haus, damit es nicht in die Erde sackt."
Die Architektin faltete ihren Plan wieder zusammen. „Am besten kommt ihr oft her", meinte sie. „Dann seht ihr, wie das Haus wächst."

BETRETEN
DER BAUSTELLE
VERBOTEN!
Eltern haften für ihre
Kinder.

Als Mama das nächste Mal mit mir zu unserem Haus fuhr, wurde gerade der Kellerboden betoniert.

Tim war nicht da, und so passte ich gut auf, weil ich ihm alles genau erzählen wollte.

„Das Haus ist sicher schon fertig", jammerte ich, als Mama am nächsten Montag aus dem Büro kam.
Da fuhr sie mit mir nach Berndorf. Tim und Tante Anne waren schon da, als wir ankamen. „Die mauern bereits das Erdgeschoss", rief Tim aufgeregt. Ein Maurer mit einer grünen Pudelmütze bediente den Kran und ließ eine Palette mit Ziegelsteinen in die Baustelle. Dann balancierte er über ein Brett hinüber. Er holte mit seiner Kelle Mörtel aus einem Kübel und verteilte ihn auf der Mauer. Darauf setzte er einen Stein, legte die Wasserwaage an und klopfte ihn fest. Neben der Wiese stand ein Wagen. Wie ein Zirkuswagen sah er aus, nur kleiner. „Da möchte ich gern mal hineinschauen", sagte Tim. Tante Anne lachte: „Dann ist es ja gut, dass ich Brötchen für die Maurer mitgebracht habe. Sicher laden sie uns dann in ihren Bauwagen ein."

Tim und ich durften uns im Bauwagen zu den Maurern an den Tisch setzen. Der Pudelmützen-Maurer heißt Eddi und ist sehr nett.
Nachher suchten Tim und ich in Omas Garten dicke Steine. Die beschmierten wir mit Schlamm und mauerten sie zusammen.
Mama und Tante Anne kamen in den Garten.

„Wie seht ihr denn aus?", fragte Tante Anne entsetzt. Na, wie richtige Maurer eben. Die sehen so aus. Genau so.

Als das Erdgeschoss gemauert war, brachte ein Lastwagen fertige Betonplatten mit Stahlgittern für die Decke. Sie wurden mit dem Kran auf die Mauer gehoben und oben von den Maurern verlegt.
Eddi winkte uns zu.
„Jetzt wird über die Decke noch einmal Beton gegossen!", rief er. „Dann ist sie so stabil, dass zwanzig Elefanten darauf herumtrampeln können."

Nachher saßen wir im Piratenschiff-Apelbaum.
„Wenn wir erst einmal im neuen Haus wohnen, können wir jeden Tag in Opas Bäumen herumklettern", schwärmte Tim.
Ich schaute zu unserem Haus hinüber. Dort gab es keine Bäume. Nur Erdhügel. Und plötzlich hatte ich eine Idee!
Ich rückte ganz dicht zu Tim und flüsterte ihm ins Ohr. Tim war sofort begeistert.
„Aber wir sollten Opa einweihen", schlug er vor.
Ich war einverstanden, denn unser Opa kann Geheimnisse gut für sich behalten.

Wir riefen ihn in den Garten und erzählten ihm alles. Da schenkte er jedem von uns einen Euro.
„Euer Plan kostet Geld", sagte er.
„Es wäre gut, wenn ihr ein bisschen spart."
Papa hatte Urlaub genommen und fuhr mit uns zur Baustelle.
„Die Zimmerleute errichten heute den Dachstuhl", sagte er auf der Fahrt.
Als wir ausstiegen, musste ich den Atem anhalten. Hoch oben auf dem Dach turnten die Zimmerleute herum.
Sie nagelten die schrägen Dachbalken, die Sparren, mit ganz langen Nägeln fest.

Nachdem sie den Dachstuhl errichtet hatten, wurde Richtfest gefeiert. Tante Anne hatte ein kleines Bäumchen mit Bändern geschmückt. Das nagelte ein Zimmermann auf den Dachfirst. Vor unserem Haus wurden Tische und Bänke aufgestellt.

Es gab Salate, gegrillte Würstchen, Bier und Saft. Ein Zimmermann wünschte dem Haus und seinen Bewohnern viel Glück.
Ich war richtig stolz, weil ich ja auch ein Bewohner war.

Ein paar Tage später beobachteten Opa und ich die Dachdecker. Einer stand am Dachrand und holte immer einen Ziegel aus dem Wagen des Lastenaufzugs.
Er warf ihn einem anderen Dachdecker zu, der höher auf dem Dach stand.
Dieser fing ihn geschickt auf und reichte ihn nach oben zum nächsten.
Und der verlegte den Ziegel auf den Dachlatten und stieg dabei immer höher.
Ich flüsterte: „Das Haus ist bald fertig!"
    Aber Opa meinte: „Viele Leute müssen noch daran arbeiten. Für unseren Plan bleibt noch genug Zeit."

„Habt ihr Lust, euch mal innen umzuschauen?", fragte Mama und zeigte auf den Rohbau.
Wir balancierten über ein Brett ins Haus.
„Achtung!", rief ein Mann. Wir machten Platz und ließen zwei Schreiner vorbei, die ein großes Fenster ins Haus trugen.
„Nicht gerade gemütlich hier", sagte ich. „Es müsste mal tapeziert werden."
„Vorher werden noch die Leitungen gelegt und die Wände verputzt", erklärte Mama.

Tim schaute sich suchend um und trippelte von einem Bein auf das andere.
„Etwas viel Wichtigeres fehlt auch noch!", flüsterte er beunruhigt.
„Die Klos werden bestimmt noch eingebaut!", tröstete ich ihn.
„So lange kann ich aber nicht warten!", sagte Tim und rannte hinaus.

Tim und ich spielten in einem Sand-
haufen und schauten den Gipsern zu.
Sie standen auf einem Gerüst und
spritzten den Putz an die Wand.
Da hielt ein Lastwagen. Installateure
luden etwas ab.
„Du, ich glaube, die bringen die Klos",
sagte ich.
Tim zuckte gleichgültig mit den
Schultern. „Jetzt muss ich nicht mehr."

Mama wickelte gerade unser Geschirr in Zeitungspapier, damit es in den Umzugskisten nicht zerbrechen sollte. Da rief Opa an.
„Er will, dass du heute schon kommst, weil hier alles drunter und drüber geht", sagte Mama.
Eigentlich mag ich es, wenn es drunter und drüber geht, doch ich dachte an unseren Plan und holte schnell mein Köfferchen.

Papa brachte mich nach Berndorf. Tim war schon da. Als unsere Väter endlich wieder abgefahren waren, gingen wir mit Opa in die Gärtnerei. Wir suchten ein Apfelbäumchen, ein Pflaumenbäumchen und eine kleine Linde aus. Unser Spargeld reichte nicht und Opa musste etwas dazugeben.
„Dafür darfst du später auch in die Bäume klettern", versprach ich ihm.
Wir luden die Bäumchen auf unsere Schubkarre und schoben los.

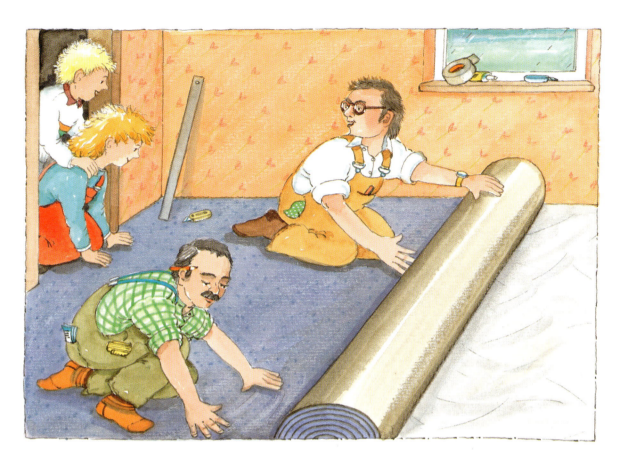

Vor unserem neuen Haus hielt ein Lieferwagen.
Zwei Männer stiegen aus und schlossen die Haustür auf. Dann schleppten sie eine dicke Teppichrolle ins Haus.
Das war doch der Teppichboden, den ich für mein Zimmer ausgesucht hatte!
Tim und ich liefen hinter den Teppichbodenverlegern her. Die rollten den Teppichboden in meinem Zimmer immer ein Stück weit aus.
Dann krabbelten sie darauf herum und strichen ihn überall glatt.

„Ein schönes Zimmer hast du!", sagte der eine Mann.
„Nur ein bisschen kahl!", fand Tim.
„Lass mal!", lachte ich. „Das ändert sich schnell, wenn ich eingezogen bin."
Wir schauten aus dem Fenster.
Opa winkte und rief: „Soll ich etwa die ganze Arbeit allein machen?"
Da rannten wir schnell hinunter.

Am nächsten Morgen liefen wir aufgeregt die Dorfstraße auf und ab und hielten Ausschau. Endlich kam der Möbelwagen! Wir wollten unsere Eltern gleich in den Garten zerren.
Aber Mama und Papa sagten:
„Keine Zeit!"
„Später!", sagten Tims Eltern.
Sie rannten wie die Ameisen hin und her und schleppten Möbel und Kartons ins Haus.
Enttäuscht schauten wir eine Weile zu.

Da kamen Oma und Opa mit einem Picknickkorb. „Wir dachten, ihr könntet vielleicht eine Stärkung gebrauchen", sagte Oma.
„Ich weiß einen guten Picknickplatz!", sagte ich und zwinkerte Opa zu.

„Frühstückspause!", riefen wir und schleppten den Korb hinters Haus.
So lockten wir unsere Eltern doch noch in den Garten.
„Aber da stehen ja schon Bäume!", rief Mama.

„Wer hat die denn hingezaubert?", fragte Onkel Bernd.
„Wir!", sagte ich. „Und Opa hat ein bisschen mitgeholfen."
„Das ist ja toll", freute sich Papa.
„Bäume gehören einfach zu einem Haus."

Am Abend war es dann überhaupt nicht mehr kahl in meinem Zimmer. Alles stand kreuz und quer und es war eine herrliche Unordnung. Ich kletterte auf eine Umzugskiste und schaute hinaus. Tim rumorte unten in seinem Zimmer. Mama kam herein und schaute mit mir zum Fenster hinaus.
„Das war eine wunderbare Idee", sagte sie und zeigte auf die Bäumchen.

„Wenn der Apfelbaum groß ist, werden die Zweige bis zu meinem Fenster reichen", sagte ich. „Dann brauche ich keine Treppe mehr, wenn ich in den Garten will!"
„Aber das dauert mindestens noch zwanzig Jahre", meinte Mama.
In zwanzig Jahren, da bin ich … da bin ich … Ach, egal.
Jedenfalls klettere ich dann noch genauso gern auf Bäume wie jetzt.

Axel Schulz · Thea Ross

Jule im Zoo

Als Jule aus dem Kindergarten kommt, stehen alle Türen weit offen: die Haustür, die Wohnungstür, die Küchentür und die Tür von Ottos Käfig. Otto ist Jules Wellensittich, aber der ist nicht mehr da. Sein Käfig ist leer. Jule macht sich furchtbare Sorgen. Sie sucht überall in der Wohnung, aber sie kann Otto nicht finden.

Etwas später kommt Jules Mama nach Hause. Sie war schnell über die Straße zum Gemüsehändler gelaufen, weil sie keine Petersilie mehr hatte. Dabei hatte sie Otto vergessen, der ihr beim Kochen immer auf der Schulter sitzt. So einen kleinen Vogel kann man schon mal auf der Schulter vergessen: Ein Wellensittich ist schließlich kein Adler!

Zuerst ist Jule böse auf ihre Mama.
Aber nur kurz, denn es muss etwas getan
werden. Sie will Otto suchen und retten.
Er könnte verhungern oder überfahren
werden. Eine Katze könnte ihn schnap-
pen. Überall lauern Katzen!
Otto ist ja so allein.
Jule muss handeln!
Wohin fliegt ein Vögelchen – noch dazu
so ein schlaues wie Otto –, wenn es ganz
alleine ist, hungrig und in Gefahr?
Jule überlegt ein Weilchen, dann fällt
es ihr ein: in den Zoo. Na klar, da wird
Otto sein. Der Zoo ist ja gleich um
die Ecke. Und schon macht sich Jule
auf den Weg.

Jule liebt den Zoo. Sie kennt ihn wie ihre Hosentaschen. Zuerst geht sie zu Auguste, der indischen Elefantendame, um ihr das mit Otto zu erzählen

und sie zu bitten, die Augen nach ihm
offen zu halten:
„Er hat blaue Federn. Er ist ganz lieb.
Und er heißt Otto."

So, Auguste weiß Bescheid. Und wie geht's jetzt weiter? Im Zoo gibt es so viel zu sehen!

Da vorne sind die Giraffen. Die sieht man schon von der Straße aus. Das Flusspferd hält träge seine Nase über Wasser. Auf einmal reißt es sein riesiges Maul weit auf und gähnt. Jule kann ihm bis tief in den Hals hineinsehen. Mampf – macht es sein Maul wieder zu. Dann taucht es langsam unter. Weg ist es, verschwunden unter der trüben, grünen Wasseroberfläche. Plötzlich taucht es wieder auf und bläst und prustet Wasser aus seinen Nasenlöchern.

Antilopen-Familie

Eine Schulklasse hat sich um Herrn Rümpler versammelt. Herr Rümpler macht Führungen durch den Zoo. Die fangen immer beim Afrikanum an, dem Gehege mit den Zebras, Antilopen und Straußen. Von Herrn Rümpler kann man viel über die Tiere im Zoo lernen. Er erzählt die spannendsten Geschichten vom Leben der Tiere in Afrika, in Asien und in anderen Kontinenten.

„Hallo, Jule", ruft Herr Rümpler und winkt Jule zu. Aber Jule hat heute keine Zeit für ihn, denn Otto ist in Gefahr. Sie muss weiter. Ins Tropenhaus. Da gibt es viele bunte Vögel. Und – herrje – da gibt es auch Schlangen und Krokodile. Hoffentlich kommt Otto denen nicht zu nahe!

Puh, was für eine Hitze!
Im Tropenhaus ist die Luft ganz warm und feucht. Jule fühlt sich hier immer ein bisschen unheimlich. Es ist so dämmrig und schummrig.

Über ihr ist ein gewaltiges Blätterdach aus Palmen und fremdartigen Bäumen. Schlingpflanzen und riesig große Gummibäume, seltsame, wunderschöne Blüten, Orchideen und sogar Bananenstauden wachsen hier.
Ein richtiger Urwald ist das.

Alles ist dicht und grün, ineinander verschlungen und verknotet. Dicke Wassertropfen fallen von den Blättern. Und – platsch – fällt Jule einer in den Nacken – huh, was für ein Gefühl! Aber am unheimlichsten sind die Laute der Tiere, die das Tropenhaus bewohnen. Bei manchen von ihnen muss man schon genau hinschauen, um sie in dem grünen Gewirr zu entdecken. Sie verstecken sich gerne und einige tarnen sich sogar. Das Chamäleon zum Beispiel ist so grün wie die Blätter, zwischen denen es gerade sitzt. Jetzt hat Jule es entdeckt.
Hoch oben an einem Ast hängen mit den Köpfen nach unten die Fliegenden Hunde. Sie schlafen den ganzen Tag. Dass die das können bei dem Lärm, den die Papageien machen! Die Papageien sind richtige Schreihälse. Aber sie sehen prächtig aus in ihrem bunten Gefieder.

Fliegende Hunde

Der Tukan mit seinem großen gelben Schnabel schaut ein bisschen streng auf Jule herab. Er braucht so einen großen, starken Schnabel, um damit Früchte zu pflücken und auszupressen.
Eine Holzbrücke führt über den kleinen künstlichen See im Tropenhaus. Da leben Enten mit wunderbar bunt schillerndem Gefieder und Reiher und Schildkröten. Und die Flamingos stelzen stolz umher. Das sind schon seltsam aussehende Vögel mit ihren langen Hälsen und ihren krummen Schnäbeln. Herr Rümpler hat Jule mal erzählt, dass die Flamingos hier im Zoo immer ein paar rote Paprikaschoten ins Futter gemischt bekommen, damit ihr Gefieder so wunderschön rosa bleibt.

Chamäleon

Faul und schläfrig liegen die Krokodile an ihrem kleinen Stückchen Ufer. Eines geht langsam ins Wasser und schwimmt träge heran, als sich Jule über das Geländer beugt. Gut, dass die Brücke so hoch ist, denkt Jule, als sie die Zähne des Krokodils sieht. Aber sie macht doch lieber einen Schritt zurück.
Dann schaut sie in die großen Terrarien. Dort gibt es viele Schlangen; harmlose Schlangen wie die Ringelnatter, gefährliche Riesenschlangen wie die Anakonda und giftige wie die Königskobra oder die Schwarze Mamba.
Zum Glück leben sie hinter einer dicken Glasscheibe. Da kann Otto nicht reingeflogen sein, sagt Jule zu sich und bleibt noch einen Moment bei den riesigen Pythonschlangen stehen.
Man kann ganz nah an sie heran und sehen, dass sie wunderschöne Lebewesen sind. – Aber Jule muss weiter.
Wo steckt Otto bloß?

Tigerpython

Nach der Hitze im Tropenhaus ist Jule furchtbar durstig. Am liebsten würde sie jetzt ein Eis essen, aber Otto zu suchen ist wichtiger.

Sie geht weiter zu den Braunbären.
Die haben kürzlich Nachwuchs
bekommen. Die Bärenkinder dürfen seit
ein paar Tagen ins Freigehege.

Braunbär-Junges

Sie kümmern sich überhaupt nicht um die vielen Menschen, die um ihr Gehege herumstehen. Sie toben und tollen und kugeln herum. Mama Bär schaut ganz stolz zu.

„Guten Tag, Jule, auch mal wieder im Zoo?", fragt Herr Müller. Er ist Tierpfleger bei den Bären.

„Ich suche Otto, meinen Wellensittich. Er ist weggeflogen."

„Oh", sagt Herr Müller, „ich glaube nicht, dass sich dein Otto zu nahe an die Bären herantrauen würde, auch nicht an die Bärenkinder. Sind sie nicht hübsch?" Herr Müller guckt so stolz, als wäre er selbst der Vater. „Olli, dem Kleinsten von den dreien, habe ich die Flasche geben müssen." Jule findet, dass sie alle gleich groß sind.

Da gibt es auf einmal ein fürchterliches Geschrei und Gezeter. Es kommt vom Affenhügel. Ein paar halbstarke Paviane prügeln sich und raufen. Einer der Chefs ist dazwischengefahren und brüllt und

droht, während er die Raufbolde auseinander scheucht. Dabei fletscht er sein gefährliches Gebiss. Die anderen schauen seelenruhig zu. Eine Pavian-Mama hält ihr Baby schützend im Arm, und der oberste Chef der Paviane lässt sich von seiner Frau das Fell entlausen.
Jule muss weiter, denn hier ist Otto auch nicht. Sie läuft zu den Löwen hinüber. Karl der Große ist der älteste Löwe im Zoo. Natürlich heißt er nicht wirklich „Karl". Jules Papa nennt ihn immer so. Aber er ist wirklich groß und er hat eine gewaltige Mähne.

Gelassen liegt er auf seinem Felsen und schaut sich die Zoobesucher an.
Dann legt er seinen mächtigen Kopf auf die Vordertatzen, um zu schlafen.
Die Löwinnen schleichen um ihn herum. Obwohl sie so große Tiere sind, bewegen sie sich geschmeidig und ganz lautlos, wie Katzen. – Ganz anders ist es kurz vor der Fütterungszeit. Dann brüllt Karl der Große, so laut er kann. Und die anderen Raubkatzen wie Tiger, Leoparden und Pumas stimmen kräftig mit ein.
Also da hat Bärenwärter Müller schon Recht, denkt Jule, Otto wagt sich bestimmt nicht in die Nähe dieser großen Tiere.

Löwe

Vielleicht ist Otto irgendwohin geflogen, wo es dunkel ist und wo die Tiere ihn nicht mit ihrem Geschrei erschrecken.

Nicht weit vom Löwengehege ist das Aquarium. Da könnte Otto sein.

Das Aquarium ist ganz besonders schön. Jule geht durch eine Tür, auf die Fische und Wasserpflanzen gemalt sind, und kommt in eine traumhafte geheimnisvolle Welt.

Es ist dämmrig und still im Aquarium. Die Zoobesucher reden hier immer ganz leise miteinander.
„Das Aquarium ist ein Haus mit lauter Aquarien", sagt Jules Papa immer. Früher hat Jule nicht verstanden, was er damit meinte. Aber jetzt weiß sie es. In jedem Aquarium ist eine andere wunderbare und eigenartige Landschaft zu sehen. Hier sind Felsen, Korallenriffe und wehende Wasserpflanzen, dort ist eine richtige Unterwasserwüste. Hier steigen lautlos Blasen auf, dort huscht ein Schwarm leuchtender Neonfische hin und her. Jule war schon oft hier, aber immer wieder entdeckt sie einen Fisch oder einen Krebs oder irgendein anderes Meerestier, das sie noch nie gesehen hat.

Seepferdchen

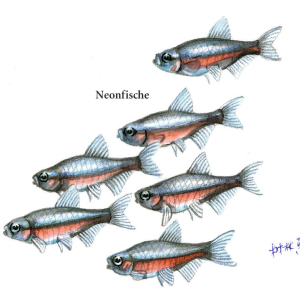

Neonfische

Die beiden großen Karpfen, die schon viel älter als Jule sind, schwimmen langsam durch das Wasser, direkt vor Jules Nase. Sie tippt an die Scheibe, aber die Fische kümmern sich gar nicht darum. Nur der dicke schwarze Wels kommt langsam und neugierig auf sie zugeschwommen. Und hinten, in einem Gestrüpp aus Wasserpflanzen, lauert ein Hecht.

Hai

Rochen

In einem anderen Becken gibt es Haie und einen Rochen, der fast so groß ist wie ein Autoreifen. Aber auch an den winzigen Seepferdchen kann Jule nicht vorbeigehen, ohne hineinzuschauen. Kaum zu glauben, dass das auch Fische sind.

Vor dem riesigen Seewasserbecken bleibt Jule trotz ihrer Sorge um Otto ein wenig länger stehen. So ein Aquarium würde sie gerne zu Hause haben, ein bisschen kleiner natürlich. Da müsste auch so ein Felsen drin sein mit einer Höhle, in der sich eine Muräne versteckt. Korallen und Seeanemonen würde es ebenso darin geben.

Das Seewasserbecken hat Jule am liebsten, denn da sind die buntesten und schönsten Fische drin: der Clownfisch zum Beispiel, der sich immer in die Korallen legt, oder der Kugelfisch, der sich zu einer runden, stacheligen Kugel aufpumpt, wenn ihm jemand zu nahe kommt. Der Feuerfisch sieht aus wie ein roter Teufel. Jule kann sich nicht satt sehen. Fast hätte sie Otto ganz vergessen.

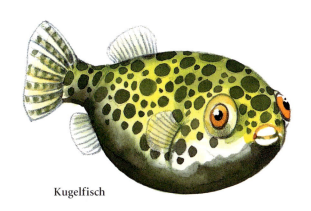

Kugelfisch

Gleich hinter dem Aquarium haben die Leute vom Zoo einen riesigen künstlichen See angelegt. Und mitten in dem See ist eine mächtige Felseninsel.

Hier leben die Tiere, die aus den kältesten Gegenden der Erde kommen, vom Nordpol und vom Südpol.

Bei den Seelöwen ist gerade Fütterungszeit. Da ist vielleicht was los! Seelöwenwärter Kögel steht ganz oben auf dem Felsen mit einem Eimer voller frischer Heringe. Vor ihm sitzen zwei Seelöwen und sind ganz aufgeregt. Sie bellen heiser.

Eisbären

Als Herr Kögel einen Hering hochhält, klatschen sie mit ihren Vorderflossen. Dann wirft er den Hering in hohem Bogen in die Luft. Der erste Seelöwe springt mit einem riesigen Satz hinterher. Er schnappt den Fisch in der Luft, und – platsch – landet er im Wasser. Platsch – kommt der andere Seelöwe hinterher. Für den hat Herr Kögel auch einen Hering. Pfeilschnell schießen sie unter Wasser bis hin zur Treppe, tauchen auf, springen aus dem Wasser und klettern schon wieder zu Herrn Kögel hinauf. Ihre Heringe haben sie längst verschlungen.

Seelöwen und Robben sind sehr verspielt. Sie haben einen Riesenspaß an der Fütterung, nicht nur weil sie da was zu fressen kriegen. Am Ende der Fütterung wird richtig gespielt, mit einem Ball oder einem Reifen.
Viele Tiere im Zoo haben es gerne, wenn man mit ihnen spielt. Sie brauchen das, damit sie ausreichende Bewegung bekommen. So bleiben sie gesund.
Und die Zoobesucher haben ihre Freude daran. Seelöwenwärterin würde Jule auch gerne sein.

Nebenan, bei den Eisbären, geht es ein bisschen ruhiger zu. Ringo, der größte und älteste von ihnen, liegt auf seinem Lieblingsplatz und lässt sich die Sonne auf den Pelz scheinen. Die anderen planschen und erfrischen sich im Wasser. Die Eisbären sind sehr gute Schwimmer. Sie schwimmen mit paddelnden Bewegungen, so wie Hunde.
Die kleinen Brillenpinguine haben einen ganz anderen Schwimmstil. Es sieht aus, als würden sie unter Wasser fliegen. Aber Jule hat ihren Otto immer noch nicht gefunden. Jetzt kann er nur noch im Streichelzoo sein. Da gibt's nämlich auch Wellensittiche und Kanarienvögel.

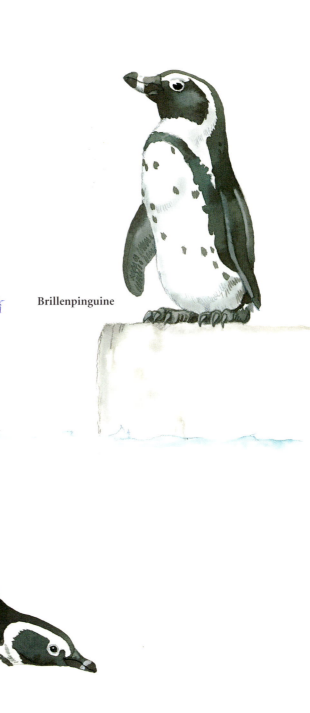

Brillenpinguine

Im Streichelzoo leben die heimischen
Tiere. Man darf sie anfassen
und streicheln.

Wenn man nicht allzu wild ist,
kann man mit den Tieren auch spielen.

Hier gibt es Ziegen, Schafe, Esel, Gänse, Hühner und einen wunderschönen Pfau. Jule hat das Hängebauchschwein am liebsten, weil es immer so traurig aus seinem runzeligen Gesicht guckt. Überhaupt mag Jule Schweine. Die große, gefleckte Sau ist vor kurzem Mama geworden. Jetzt liegt sie geduldig auf der Seite und säugt ihre vielen Jungen. Die Frischlinge piepsen und schubsen sich um ihre geplagte Mama herum. Und die Menschenkinder sehen zu und staunen.

Jule muss weiter. Otto suchen.
Bei den Kanarienvögeln ist Otto nicht. Was soll ein Sittich auch bei den Kanarienvögeln?

„Hallo, Jule, auch mal wieder bei uns?", fragt Frau Mielke durch das Gitter des Sittichkäfigs. Sie macht gerade sauber. Der Sittichkäfig im Zoo ist viel größer als der von Jule zu Hause. Hier sind bestimmt fünfzig Wellensittiche drin und jetzt auch noch Frau Mielke. Die Wellensittiche sind sehr aufgeregt. Sie fliegen aufgescheucht durcheinander, grüne, gelbe und blaue – bestimmt zwanzig blaue. Jule steht mit offenem Mund davor.

„Was ist denn los, Jule?", fragt Frau Mielke.
Und dann erzählt Jule ihre Geschichte vom verlorenen Otto. Am Ende ist sie

Hängebauchschwein mit Jungen

146

so traurig, dass sie beinahe weinen muss. Frau Mielke hört ihr genau zu. Dann sagt sie: „Das kann schon sein, dass dein Otto hier dabei ist. Wir kriegen fast jede Woche einen kleinen Ausreißer gebracht. Die Wellensittiche fühlen sich sehr wohl, wenn sie in Gesellschaft sind. Gerade heute hat mir eine alte Dame einen blauen Wellensittich gebracht. Meinst du denn, dass du deinen Otto erkennst?" Jule sieht sich alle blauen Wellensittiche genau an. Man kann sie wirklich kaum voneinander unterscheiden. Auf einmal fliegt einer auf und klammert sich direkt vor ihrer Nase an das Gitter.
„Das muss er sein", sagt Jule ganz glücklich.

„Na", sagt Frau Mielke, „du würdest deinen Otto unter tausenden erkennen, nicht wahr? Auf jeden Fall kannst du ihn behalten."
Jule nickt und lächelt. Aber ganz sicher ist sie sich nicht.
Frau Mielke steckt den Vogel in einen kleinen Karton mit ein paar Luftlöchern und gibt ihn Jule.
„Jetzt aber schnell nach Hause, damit er nicht so lange da drin bleiben muss."
„Tschüss, Frau Mielke, und schönen Dank", sagt Jule und ist schon fast zu Hause.

Mama strahlt, als Jule zur Tür hereinkommt: „Er ist wieder da", sagt sie.
Jule nickt und schaut auf den Karton in ihrer Hand.
„Er hat hinter Papas Briefmarkenalben gesessen." Jetzt ist Jule sprachlos. Sie läuft direkt in die Küche zu Ottos Käfig. Tatsächlich, da sitzt Otto, als wenn nichts geschehen wäre.
„Ich hab mir solche Sorgen um dich gemacht", schimpft Jule mit Otto.

Ihre Mutter kommt zur Küche herein. Sie sieht Jules Karton und weiß nun, was darin ist. Sie schaut Jule an und lacht laut los.
Da muss Jule auch lachen.
Otto ist nicht mehr allein. Frau Mielke hat ja gesagt, dass Jule den Wellensittich behalten kann. Mama verspricht, gleich morgen einen größeren Käfig zu besorgen für Otto und …
Ja, wie soll der neue Otto denn eigentlich heißen?

Zuhören und Kuscheln – Vorlesegeschichten von Ravensburger

Vorlesegeschichten ab 2 Jahren

Irmgard Eberhard/
Rosemarie Künzler-Behncke
Bei den kleinen Tieren
In 13 kurzen Tiergeschichten geht es um Themen wie: Freundschaft, Spielen und Lernen. Igelkinder, Häschen und Frosch, ja sogar Schnecke und Marienkäfer sind die Helden – diese Tiere lieben schon die ganz Kleinen.
ISBN 3-473-**33041**-8

Clara Suetens/Ingrid Kellner
Träum schön, Lara
Wenn kleine Kinder müde sind und der Tag mit einer schönen Geschichte ausklingen soll, dann sind diese 13 Gutenachtgeschichten mit stimmungsvollen Bildern genau richtig.
ISBN 3-473-**33042**-6

Vorlesegeschichten ab 3 Jahren

Gabriele Kernke/Jana Frey
Nur Mut!
Zehn Geschichten über mutige Kinder. Ob beim Arzt, beim ersten Einkaufen alleine oder beim Ehrlichsein, oft gehört Mut dazu.
ISBN 3-473-**33043**-4

Hermien Stellmacher
Dido, kleiner Drache
Auch Drachenkinder haben nur eine Sorge: Wann bin ich endlich groß? Auf dem Weg dorthin erleben sie, was Menschenkinder auch erleben – sie lachen, sie weinen, sie sind neugierig und sie kuscheln immer noch gerne.
ISBN 3-473-**33044**-2

Vorlesegeschichten ab 4 Jahren

Dagmar Geisler
Ene mene mu, mein Freund bist du!
Zehn Freundschaftsgeschichten erzählen von den drei Annas, die statt Blutsbrüder Spuckeschwestern werden, oder von Florian, der sauer ist, weil sich Freund Fritzi als Mädchen entpuppt. Aber auch Hexen und Piraten brauchen Freunde.
ISBN 3-473-**33045**-0

Tonya Goranova/
Burckhard Garbe
Hier kommt Janot!
Besonders gern mag Janot einen alten Lederkoffer, weil der so wunderbar nach Opa riecht. Und deshalb ist der Koffer überall mit dabei. Mal ist er Seifenkiste, mal Rakete, immer aber sein Kuschelbett.
ISBN 3-473-**33046**-9

Lies mir was vor! Diesen Wunsch kennen Erwachsene nur allzu gut!
Denn Vorlesen ist einfach schön: am Abend zum Einschlafen, zwischendurch zum Kuscheln oder zum Ausruhen. Ganz nah beieinander gemeinsam Geschichten erleben.

Für die ganze Familie

Ravensburger Bilderbuchgeschichten für jeden Tag
Ravensburger Bilderbuchgeschichten laden zum Vorlesen, zum Betrachten und Erzählen ein. Ein Schatz aus Tiergeschichten und Alltagsgeschichten hält für jeden eine Lieblingsgeschichte bereit.
ISBN 3-473-**33389**-1

Ich erzähl dir was! Bilderbuchgeschichten für jeden Tag
Freundschafts-, Abenteuer-, Fantasiegeschichten und viel mehr. Da kann jedes Kind nach Lust und Laune auswählen.
ISBN 3-473-**33953**-9

**Schlaf gut – träum schön
Vorlesegeschichten für jeden Abend**
Eine wunderschön vielfältig illustrierte Sammlung von Fantasie- und Tiergeschichten.
ISBN 3-473-**33072**-8

Gute Idee.

Ravensburger

Quellenverzeichnis

„Mit Opa in der Stadt"
mit Illustrationen von Wolfgang Metzger
und Text von Frauke Nahrgang.
© 1993

„Charly bei der Feuerwehr"
mit Illustrationen von Wolfgang Metzger
und Text von Frauke Nahrgang.
© 1992

„Tine und die Eisenbahn"
mit Illustrationen von Marlies Rieper-Bastian
und Text von Frauke Nahrgang.
© 1990

„Jetzt bauen wir ein Haus"
mit Illustrationen von Wolfgang Metzger
und Text von Frauke Nahrgang
© 1991

„Jule im Zoo"
mit Illustrationen von Thea Ross
und Text von Axel Schulz.
© 1990

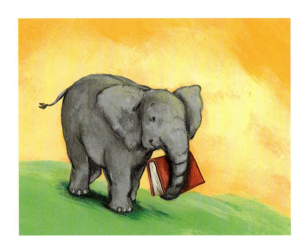

4　3　2　　05　04　03　02

© 2002 Ravensburger Buchverlag Otto Maier GmbH
D-88188 Ravensburg
Titelillustration: Dagmar Henze
Redaktion: Anna Heischkamp
Printed in Germany
ISBN 3-473-33087-6
www.ravensburger.de